Compostaje con lombrices desde cero

"El manual de lombricultura para principiantes"

Abel González

AGRADECIMIENTOS

Quiero dedicar este humilde manuscrito a todos aquellos que de una manera u otra, me han estado empujando a seguir siempre tras mis sueños, aun cuando estos tenían forma de lombriz.

A mi gran amigo Alberto Rojo, por ser un pilar fundamental de lo que hoy es mi vida, ¡gracias por tus consejos amigo!

A mi compañera de vida y aventuras descabelladas, Soraya. Ella es la verdadera artífice de todo lo que sucede en mi universo.

A mi colega Alejandro Auñón, que se ha preocupado en la sombra por que nuestros proyectos tubieran un lugar donde alzarse.

A Hugo y toda su familia, por su inestimable ayuda cuando mas lo necesitábamos. Aunque de vez en cuando confundas los términos obsesión y constancia ;) ¡Eternamente agradecidos!

A mis compañeros de trabajo Iñaqui e Irene. Ellos son los mas damnificados, pues les toca escuchar cada dia mis rocambolescas historias, dándole con ello un sentido a mi trabajo diario como cazador de sueños. ¡GRACIAS CHIC@S!

A mis padres, pues gracias a ellos se ha materializado la alocada idea de crear una "granja de lombrices", cumpliendo así nuestro propósito socioambiental.

Y gracias también al resto de mi familia y amigos, que de alguna manera han aportado algo para que este loco del compostaje pueda seguir creciendo como persona y como profesional.

Pero sobre todo, gracias a mis hijos; Izan y Yeray, pues ellos son mi razón de ser, los que sufren y disfrutan cada momento conmigo. Los que me aportan el ingrediente fundamental de cualquier gran historia; ¡La illusión!

¡GRACIAS A TOD@S DE CORAZON!

CONTENIDO

Compostaje con lombrices desde cero

El manual de lobricultura para principiantes

Si estás pensando en iniciarte en el apasionante mundo del vermicompostaje pero no tienes ti pajolera idea de por dónde empezar, has dado con el manual adecuado. Te presento este sencillo manual de lombricultura para empezar a compostar con lombrices desde cero.

En el encontraras consejos e información muy interesante que garantizara el éxito de tu nuevo proyecto de compostaje, de la mano de uno de Abel González, uno de los lombricultores más experimentados del mundo.

Tienes en tu mano el manual manual de lombricultura para compostar con lombrices desde cero más completo y a la vez sencillo que se haya escrito jamás.

Sabemos que llevabas tiempo buscando un manual así, sencillo pero efectivo, que vaya al grano y se deje de líneas que no aportan nada; pues bien,… ¡Aquí lo tienes! Una vez lo leas tendrás controlados todos los factores que pueden llevarte a tener éxito, o a fracasar en el intento (esto último puedes descartarlo desde ya).

Hemos echado la vista atrás hasta nuestros comienzos, allá por el año 2013.

Como casi todos los lombricultores, nosotros también empezamos con un pequeño núcleo de lombrices para saciar nuestra curiosidad. En ese momento, nunca habríamos sospechado que quedaríamos atrapados para siempre en el extraño y fascinante mundo del vermicompostaje y la lombricultura.

Por aquel entonces, era realmente escasa la información que se podía encontrar sobre el compostaje con lombrices. Este redactor aún recuerda con anhelo el momento en el que recibimos nuestro primer lecho de lombrices. Ya teníamos nuestro núcleo de lombrices rojas californianas… pero no teníamos ni pajolera idea de qué hacer con ellas.

No existía apenas información en español sobre cómo comenzar en el vermicompostaje. Más difícil todavía era encontrar un manual de lombricultura para principiantes, pues casi toda la información que encontrábamos solían ser estudios científicos en inglés, muy avanzados, complicados y "casi inútiles" para unos lombricultores de andar por casa como éramos nosotros. ¡Era realmente frustrante!

Estamos seguros de que muchos de vosotros os veréis reconocidos en estas líneas. Cuando un@ se inicia por primera vez en el mundo del vermicompostaje, son miles las dudas que sobrevuelan su cabeza. Ya no tendréis que buscar más información, en este manual tenéis todo lo que necesita un lombricultor principiante para tener éxito desde el minuto cero.

"Vermicompostar es una actividad fascinante, controlar el proceso te ayudara a disfrutar de ella"

Compostaje con lombrices desde cero

Algunas de las dudas que más nos hacen llegar a diario son las siguientes:

Quiero iniciarme en el compostaje con lombrices, pero…

- ¿Qué especie de lombriz necesito para compostar?

- ¿Qué formato de venta me conviene más?; núcleo de lombrices, pie de cría…

- ¿Qué hago ahora con mis nuevas lombrices?

- ¿Cómo debe ser su nuevo hogar? ¿Qué materiales utilizar para fabricarlo?

- ¿Con qué materiales he de alimentarlas? ¿Con qué frecuencia? ¿Qué cantidad?

- ¿Debo regar mucho o poco sustrato?

- ¿Es normal que haya otros insectos dentro del compostador?

- ¿Qué temperatura es la ideal para mis lombrices?

- Si uso estiércol para alimentarlas; ¿este debe estar precompostado o no?

- ¿Por qué se escapan mis lombrices?

- ¿Cuándo estará listo el humus para cosechar?

- ¿Cómo separo las lombrices del humus?

…y estas son solo algunas de las interrogantes que se le plantean a cualquier lombricultor principiante, pues podemos dar fe de qué hay muchas más, por lo que en las próximas líneas de este manual de lombricultura para principiantes, intentaremos plasmar con máximo detalle cómo comenzar a compostar con lombrices desde cero, tal y como lo hicimos nosotros hace ya varios años.

CAPITULO 1

¿EN QUE CONSISTE LA LOMBRICULTURA Y EL VERMICOMPOSTAJE?

1.1 Definición fácil y resumida de lombricultura

Si has llegado hasta aquí, probablemente ya tengas una ligera idea de lo que significan las palabras lombricultura y vermicompostaje.

La lombricultura podría definirse en pocas palabras como la técnica de criar lombrices para su posterior uso en la obtención de fertilizante orgánico. Podríamos extendernos mucho más, pero no queremos aburriros con tecnicismos, pues este es un manual de lombricultura para principiantes y vamos a intentar que sea ligero y digerible.

1.2 ¿En qué consiste el vermicompostaje?

Básicamente, el vermicompostaje es el arte de transformar los desechos orgánicos, que de otra manera acabarían en un vertedero, en abono orgánico de calidad, también conocido como humus de lombriz.

Está técnica se lleva a cabo con la inestimable ayuda de la lombriz roja californiana, más adelante hablaremos detalladamente de esta especie de lombriz.

Para vermicompostar se suelen utilizar compostadores similares a los que utilizaríamos en el compostaje tradicional, con la diferencia de que para acelerar el proceso de compostaje, las lombrices ingieren y transforman mediante succión la materia orgánica en descomposición, dando lugar a un abono orgánico repleto de enzimas y bacterias beneficiosas para las raíces de nuestras plantas.

1.3 Las lombrices no tienen dientes, por lo que no mastican ni muerden, solo succionan materia ya descompuesta

Vamos a repetir algo que suscita muchas dudas entre los amantes de la jardinería y, sobre todo, entre lombricultores primerizos; las lombrices no comen restos de hortalizas y/o frutas, ellas tan solo succionan la materia orgánica en descomposición procedente de estos y otros alimentos. Lo que queremos decir, es que ellas no tienen dientes y no pueden comer nada, solo absorben la materia, cuando esta se convierte en una especie de papilla mientras se pudre.

Una vez conocemos los factores que intervienen para que un compostador de lombrices funcione casi en automático, se podría decir que el compostaje con lombrices o vermicompostaje, es un proceso realmente sencillo y gratificante con el que poder obtener abono orgánico de forma gratuita.

Si te gusta reciclar y te gustan las plantas, seguramente quedes atrapad@ para siempre en esta técnica de compostaje tan fascinante.

Hay quien piensa que llevar a cabo dicha técnica de compostaje es demasiado complicado, pero nada más lejos de la realidad. Desde ya te adelantamos, que una vez hayas leído el manual de lombricultura para principiantes, podrás vermicompostar los restos orgánicos de tu hogar con garantías y sin mayor complicación.

¿Estás preparado para fabricar tu propio humus de lombriz? ¡Pues vamos allá!

CAPITULO 2

¿QUÉ ESPECIE DE LOMBRIZ ES LA MAS ADECUADA PARA VERMICOMPOSTAR?

Esta es la primera interrogante que se le presenta a cualquier novato del compostaje con lombrices. En realidad es una de las más importantes de aclarar, pues no todas las especies de lombrices van a servirnos para compostar residuos orgánicos.

Las lombrices utilizadas para este fin suelen ser llamadas comúnmente "lombrices rojas", aunque dentro de este grupo podemos distinguir varias especies más o menos productivas a la hora de fabricar nuestro preciado humus de lombriz.

Lombriz roja californiana (Eisenia Foetida)

Antes de nada haremos una apreciación básica. Nuestras lombrices siempre serán rojas, de un tono más o menos oscuro. Esto es así, por qué en la naturaleza este tipo de lombrices se mueven únicamente por la capa orgánica superior del terreno. No excavan galerías verticales como la lombriz de tierra común, la cual puede excavar galerías de hasta dos metros de profundidad, sino que nuestras lombrices se mueven de forma horizontal a través de la capa vegetal de los bosques húmedos del norte de España u otros países del sur de Europa.

2.1 Las lombrices californianas usan su color rojizo para pasar desapercibidas ante sus depredadores

Esta pigmentación de color rojo las protege de depredadores mientras se desplazan indefensas por este delgado mando orgánico. También las protege de la luz, pues la oscuridad absoluta no está garantizada cuando te mueves tan cerca de la superficie, y ellas son fotofobicas; esto quiere decir que no soportan la luz directa, pudiendo llegar a morir en pocos segundos si son alcanzadas por los rayos del sol.

De ahí que la lombriz de tierra común carezca de pigmentos, mostrando un tono rosa pálido incluso blanco, pues este tipo de lombrices nunca se expondrán a la luz directa y por lo tanto no accederán a permanecer en la superficie.

Con esto podemos decir que **la lombriz de tierra ni es productiva ni es apta para compostar residuos orgánicos,** pues por mucho que lo intentemos escaparan de nuestro compostador una y otra vez.

2.2 Distintas variedades de lombriz roja para compostar

Encontramos varias especies de lombriz utilizadas en el mundo de la lombricultura a lo largo y ancho del mundo, pero hoy en esta guía de lombricultura para principiantes no entraremos en tecnicismos y nos centraremos únicamente en la denominada lombriz roja californiana, que a su vez comprende dos subespecies: **"Eisenia foetida"** y **"Eisenia andrei".**

En realidad no existen registros fiables que corroboren esta información, pero no cabe duda de que han sido mal bautizadas con el nombre de; "lombriz roja californiana" y así las conocemos todos.

Cualquiera de estas dos especies nos será muy útil a la hora de compostar restos orgánicos y posterior obtención de humus de lombriz.

Ambas especies proliferan naturalmente en las zonas húmedas del sur de Europa, y aunque la especie es conocida como lombriz roja californiana, ni mucho menos proceden de los Estados Unidos, sino que se trata de una especie Europea autóctona.

Está confusión viene dada por qué, hay quien asegura que está especie comenzó a utilizarse para la lombricultura en California, tras uno de los viajes de un explorador americano. Ni lo desmentimos ni lo confirmamos, pero al menos ya sabes de donde procede su nombre común.

2.3 Eisenia Andrei

Es por excelencia la lombriz más indicada en el mundo de la lombricultura y el vermicompostaje, y no por casualidad.

Numerosos estudios la sitúan como la especie lombriz más productiva y reproductiva para llevar a cabo esta técnica con garantías de éxito.

También autóctona del sur de Europa, prolifera en la capa superior hojarasca de bosques húmedos. Ocasionalmente podemos encontrarla naturalmente en estercoleros expuestos a una humedad relativa alta durante todo el año. De ahí que esta especie sea conocida como "la lombriz del estiércol".

Nosotros nos decantamos por el uso de la variedad Eisenia foetida por varias razones. La razón principal, es su alta tasa de reproducción, pues cuando hablamos de producción de humus, se puede decir que ambas especies son capaces de compostar la misma cantidad diaria de residuos.

Si necesitas adquirir lombrices de la variedad Eisenia foetida, puedes hacerlo a través de tiendas online como www.lombritec.com con total seguridad.

2.4 La reproducción de la lombriz californiana

La lombriz roja californiana es muy prolifera, siendo capaz de duplicar su población cada 3 meses. Las lombrices son ovíparas, hermafroditas e insuficientes, por lo que se puede decir que poseen ambos sexos, pero necesitan de otra lombriz para poder reproducirse.

Durante el apareamiento, se forma una especie de nudo entre dos lombrices y ambas son inseminadas. De este desencuentro amoroso se obtienen dos capullos, también conocidos como "cocones", de los que unos días después nacerán alrededor de ocho nuevas lombrices (cuatro de cada capullo).

Se han llegado a observar nacimientos mucho más numerosos bajo condiciones óptimas de reproducción, pero lo más común, es movernos entre las cifras de natalidad anteriormente mencionadas.

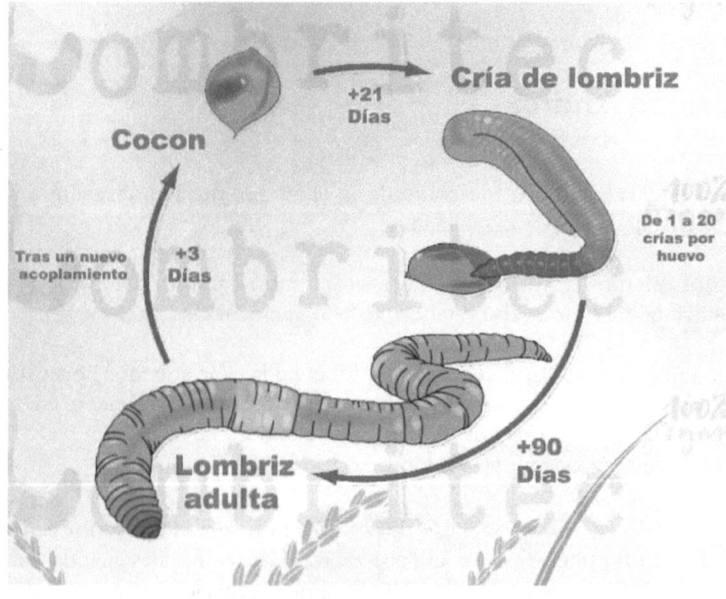

Ciclo de reproduccion de la lombriz roja californiana

CAPÍTULO 3

Diferentes formatos de venta de lombrices californianas disponibles en el mercado

Somos conscientes de que para un lombricultor principiante puede llegar a ser abrumadora la numerosa información y formatos de venta de lombrices disponible en la red, de ahí que hayamos querido incluir esta información tan «relevante», en nuestro manual de lombricultura.

No nos extenderemos mucho en este tema pues en otra ocasión ya escribimos sobre los diferentes formatos de venta de lombrices rojas más convenientes en cada momento.

Tan sólo distinguiremos entre los dos grupos más importantes:

3.1 Pie de cría y núcleo de lombriz seleccionada

Pie de cría de lombriz

Cuando un vendedor no especifica el formato de venta, suele trabajar con pie de cría.

Un pie de cría es una porción de estiércol extraído directamente de uno de los bancales del criador. En él se pueden encontrar lombrices en sus diferentes estadios de crecimiento, pero es realmente difícil saber a ciencia cierta cuántas adultas, crías y huevos lo componen.

Suele ser el formato de venta más barato pero no por ello el más indicado para comenzar con garantía en el compostaje con lombrices.

Núcleo de lombriz roja seleccionada

Este formato de venta es el ideal para comenzar a compostar con lombrices. Se trata de un núcleo de lombrices seleccionadas a mano. Un proceso muy trabajoso que no todos los criadores están dispuestos a realizar.

El criador selecciona una a una las lombrices más reproductivas por su tamaño y peso. Este proceso puede llevarse a cabo por unidades o por peso. Ambas técnicas son bastante precisas y también muy complicadas de llevar a cabo.

Si no quieres tener problemas antes de empezar en este mundo, huye de los anuncios clasificados en los que dudosos vendedores ofrecen "X" unidades contadas a mano sin ofrecer la más mínima garantía. Una vez más el sentido común nos dice que acudamos a un criador con experiencia demostrada, que nos ofrezca garantías no solo durante el proceso de compra, si no también durante nuestros inicios en el proceso de vermicompostaje.

CAPÍTULO 4

Cuantas lombrices necesito para comenzar

Esta es una pregunta que nos hacen muy a menudo, puesto que además de trabajar en nuestro blog, también somos profesionales en la cría y venta de lombriz roja californiana. Pues bien, esto va a depender de la superficie de tu compostador.

Hay que tener en cuenta que si colocamos un número muy pequeño de lombrices en una superficie demasiado grande, tendremos problemas para que las lombrices se reproduzcan adecuadamente. Si por el contrario colocamos demasiadas lombrices en una superficie muy pequeña, las lombrices no se reproducirán o, en el peor de los casos, huirán del compostador.

cuatro. Introduzca aquí el texto del capítulo cuatro. Introduzca aquí el texto del capítulo cuatro.

A continuación y a modo orientativo, os proponemos la cantidad de lombrices que creemos más adecuada para cada superficie:

20x20cm: 250 Lombrices

30x30cm: 500 Lombrices

50x50cm: 1000 Lombrices

1 m2: 2000 Lombrices

5 m2: 10.0000 Lombrices

Cómo comentábamos anteriormente, estas cantidades son a modo orientativo, pudiendo funcionar también con otras cantidades, lo que supondría a la vez invertir más o menos tiempo en alcanzar la densidad de lombrices que necesitamos para cada superficie.

CAPÍTULO 5

Ya tengo mis lombrices… ¿Y ahora que?

Sin duda nos encontramos ante una pregunta crítica. No serías el primero que se lanza a la aventura comprando un núcleo de 1000 lombrices californianas.

Cuando por fin el mensajero toca tu puerta y tú las recibes con gran entusiasmo e ilusión… Básicamente te das cuenta de que no sabes muy bien qué hacer con ellas, más eres consciente de que te encuentras ante un ~~pequeño~~ gran problema, pues debes buscarlas un hogar antes de que acaben con el alimento que, a la vez, las sirve de lecho durante el transporte.

Tras años de experiencia, podemos asegurarte que no se trata de un hecho aislado, pues le pasa a muchos recién iniciados el vermicompostaje. Tienen las lombrices, pero no tienen un hogar donde instalarlas debido a una clara falta de previsión. ¡Pero tranquil@!, gracias a este manual de lombricultura para principiantes, a ti no te sucederá lo mismo.

Pues bien. Ahora que ya sabes que el primer paso para iniciarte en la lombricultura es preparar un hogar para tus lombrices, vamos a hablar de cómo sería el vermicompostador perfecto, donde tus lombrices se encuentren cómodas y pronto comiencen a fabricar humus de lombriz.

Llegados a este punto, tenemos una buena noticia para ti; ¡No es necesario gastar una pasta en el último lombricompostador del mercado! Si bien es cierto algunos son muy cómodos y se integran bien con el mobiliario de jardín, no son absolutamente necesarios.

"Lo bonito del lombricompostaje, es que podemos fabricar un vermicompostador con casi cualquier material reciclado"

Durante los años que llevamos practicando el vermicompostaje, hemos utilizado todo tipo de elementos reciclados para fabricar compostadores de lombrices de forma económica y práctica.

Desde frigoríficos achatarrados, hasta bidones de aceite reciclados, pasando por bañeras, neumáticos viejos de automóvil y cuadriláteros fabricados con madera rescatada de las escombreras de la zona. Todos ellos muy rudimentarios pero con excelentes resultados.

¡Cómo lo oyes!, nuestras lombrices vivían felices en un frigorífico tumbado a modo de arcón y se reproducían a las mil maravillas. De hecho, ya que hemos puesto el ejemplo del frigorífico, podemos aseguraros qué se trata de "el compostador perfecto", debido a que los frigoríficos vienen forrados con una capa gruesa de aislante bajo la chapa, por lo que incluso podría recibir algunos rayos del sol sin mayor problema. Lo mismo sucederá en el invierno. Las lombrices seguirán reproduciéndose y fabricando humus, aún con temperaturas exteriores bajo cero.

¡Pero tranquil@! No es obligatorio que instales un frigorífico viejo en la terraza de tu apartamento ;), solo era una anécdota y una buena idea que queríamos compartir contigo en este manual de lombricultura para principiantes.

Como ya hemos comentado, podéis utilizar casi cualquier material reciclado o nuevo.

Se dará el caso en el que alguien quiera instalar un compostador en una zona muy visible de su jardín y, decida comprar algún tipo de madera que no destaque con el resto del mobiliario. Es totalmente respetable, pero ni mucho menos necesario.

Vamos a nombrar solo algunos materiales con los que podríais construir vuestro compostador de lombrices. Esperamos que después os llegue la inspiración por sí sola, pero si no es así, no os preocupéis, en blogs de lombricultura como Lombritec, encontrareis algunos artículos donde se ofrecen ideas para construir un vermicompostador barato y práctico.

5.1 Algunos materiales sugeridos para fabricar un vermicompostador de forma sencilla:

Tablas o tableros usados para formar un cuadrilátero o cajón en el suelo, bañera, bidón, cubo de pintura, neumáticos usados, ladrillos, malla geotextil, tupperware, cajas de fruta y un sinfín de materiales recuperados.

La idea siempre es la misma; crear un recipiente en el que las lombrices estén más o menos protegidas (de la luz solar, depredadores, temperaturas extremas, etc.). Que la humedad quede retenida, pero con un correcto drenaje y… poco más.

Como podéis ver, disponéis de un mundo de posibilidades para fabricar un compostador de lombrices casero, pero si no es vuestro estilo, siempre podéis recurrir a los modelos comerciales, de venta en portales como Amazon o de nuevo; tiendas online especializadas como Lombritec.

CAPÍTULO 6

Ya tenemos lista la estructura de su nuevo hogar. Ahora vamos a «amueblarlo»

Ahora que ya tenéis lista la estructura de vuestro nuevo vermicompostador, tenéis que convertirlo en un verdadero hogar para vuestras lombrices.
No hay una única fórmula para llevar a cabo esta tarea, aunque aquí lo verdaderamente importante es el concepto principal, teniendo esto claro, ya tenéis muchas posibilidades de tener éxito a la primera en vuestro proyecto de lombricultura.

¿Y cuál es el concepto principal? Bueno. Las lombrices no necesitan muebles como ya habréis intuido, pero lo que sí necesitan, es una cama esponjosa y húmeda donde poder refugiarse.
Esta cama puede ser fabricada con diversos materiales fibrosos como: hojarasca, paja, sustrato totalmente compostado, fibra de coco, turba negra, cartones rasgados, viruta de madera o, si lo preferís; una mezcla de todos ellos.

La función principal de estos materiales, es la de proteger a las lombrices frente a las altas temperaturas producidas durante el proceso de fermentación, donde la materia orgánica en descomposición con la que alimentaremos a las lombrices, se calienta drásticamente, alcanzando temperaturas de hasta 70ºC.

De ahí la importancia de construir un buen lecho de cama con "materiales fríos", o lo que es lo mismo, materiales que no sufren cambios ni alteración alguna durante el proceso de compostaje.

"Un lecho de cama, no es más que un refugio seguro para nuestras lombrices"

Habréis advertido que todos estos materiales crean un lecho poroso y aireado, debido en gran parte a su composición.

Al tratarse de materiales que no se compactan, las lombrices siempre encontrarán un refugio libre de temperaturas extremas y encharcamientos si llegaran a necesitarlo.

Resumiendo. Cuando tengamos el vermicompostador construido, un lecho de cama en su interior y nuestro núcleo de lombrices listo; tan solo deposita el núcleo de lombrices en el centro de la cama de lecho y cúbrelo ligeramente.

Ahora ya puedes comenzar a añadir alimentos, formando capas uniformes sobre el lecho de cama.

Al principio, comenzaremos añadiendo finas capas de restos orgánicos (va a depender del número de lombrices con el que contemos inicialmente), y según vaya aumentando nuestra población de lombrices, podremos ir añadiendo cantidades mayores de alimento.

¡Tranquilos! Con el tiempo, veréis que calcular "a ojo" el alimento es muy sencillo. Basta con observar si se está acumulando demasiado alimento en el vermicompostador o si por el contrario, las lombrices son capaces de compostarlo en pocos días.

Tan sencillo cómo dejar de añadir alimentos si vemos que estos se están acumulando, o añadir más alimento si vemos que este se está convirtiendo en un sustrato negruzco rápidamente.

Si tienes este concepto claro estás listo para pasar al siguiente nivel del manual de lombricultura; la humedad adecuada dentro del compostador de lombrices.

CAPÍTULO 7

Cuál es la humedad ideal para las lombrices

Cuando hablamos de humedad, estamos hablando de uno de los parámetros más importantes para tener éxito en nuestro proyecto de vermicompostaje. Una humedad inadecuada puede echar por tierra el trabajo de semanas o meses.

Las lombrices se encuentran cómodas en unos rangos de humedad que oscilan entre el 80 y el 90%. Tranquilos, no tenéis que ser ingenieros agrónomos para poder controlar la humedad de vuestro vermicompostador, tan solo agarrar un puñado de sustrato con la mano y apretarlo entre vuestros dedos. Si tiene una humedad óptima, entre vuestros dedos ocurrirá alguna que otra gotita de agua.

Si por el contrario el sustrato está demasiado húmedo, Puede que caiga un pequeño "hilo" o "chorrito" de agua. Y por último, si al apretar el sustrato con vuestras manos, este no deja caer ninguna gota de agua, estaríamos hablando de un sustrato extremadamente seco para las lombrices.

Ya está, así de fácil. Basta con entender que las lombrices succionan su alimento, de ahí que la humedad tenga que ser muy alta, para que el sustrato muestre una consistencia parecida a la de una papilla, pero sin llegar a estar encharcado.

"Las lombrices necesitan la humedad tanto como nosotros el aire"

Otro de los motivos por el que el sustrato debe contener un alto grado de humedad, es por qué las lombrices respiran a través de su piel (respiración cutánea).

Para que esto suceda, las lombrices rojas californianas están cubiertas de una mucosidad que las mantiene siempre húmedas, por lo que si el sustrato no está lo suficientemente húmedo la lombriz perderá está mucosidad y muy probablemente morirá.

Ahora ya sabes porque es tan importante mantener controlada la humedad de tu vermicompostador.

7.1 Distintas técnicas para controlar la humedad

Mantener siempre un nivel óptimo de humedad es bastante sencillo. Si ya has comprobado que la humedad el sustrato es la ideal mediante "la técnica del puño apretado", ahora bastará con mantenerla tal y como está.

Es tan sencillo cómo cubrir el compostador de lombrices con un material que transpire, como un saco o tela humedecida. En el caso de compostadores en formato cajón o bandejas, bastará con mantener cerrado el recipiente para que la humedad se mantenga en el tiempo.

Si habéis seguido las recomendaciones anteriores no necesitaréis regar a diario, pues hay que tener en cuenta que los restos de frutas y verduras aportan hasta un 90% de agua, más que suficiente para nuestras lombrices.
Durante los meses de más calor es donde tendremos que tener un mayor cuidado. Debemos tomar la precaución de no exponer ¡NUNCA! nuestro vermicompostador a los rayos directos del sol. Debes ubicarlo en una zona sombría.

Por el contrario, durante los meses de menos calor apenas habrá que tomar medidas para controlar la humedad, pues el propio alimento le proporcionará al sustrato la humedad necesaria.

7.2 Errores comunes

Un error muy común es el de regar el compostador indiscriminadamente sin tener en cuenta el tipo de alimentación de las lombrices. Si estás alimentando a tus lombrices con materia verde cómo; hojas, frutas, cerraduras, etc., no será necesario apenas regar. Si por el contrario sueles añadir materia seca como; paja, cartón, etc., en ese caso, tendrás que regar más a menudo o al menos llevar a cabo más comprobaciones periódicas de la humedad del sustrato.

Otro error muy extendido es, el de esperar a encontrarnos el sustrato seco para proceder a regarlo. Podemos aseguraros que llegados a este extremo, las lombrices seguramente hayan perecido debido a la falta de humedad.

En cuanto a la temperatura del agua de riego, es indiferente que esté más o menos fría, pero sobre todo debes tomar la precaución de que no esté caliente. Si tienes acceso a agua de lluvia mejor que mejor, pero el agua del grifo es totalmente válida para realizar los riegos.

CAPÍTULO 8

Alimentación de la lombriz roja californiana

Las lombrices se alimentan de casi cualquier materia orgánica en descomposición. Como hemos comentado anteriormente ellas no tienen dientes y por lo tanto no pueden masticar.

Hay quien piensa que las lombrices se comen las raíces de las plantas, pero esto no es así ni mucho menos. De comerse alguna raíz, es porque ya estaba podrida con anterioridad.

Las lombrices absorben el moho y la materia descompuesta resultante de la fermentación de cualquier resto orgánico que las proporcionemos. Ellas siempre esperarán a que el alimento se encuentre en un estado gelatinoso para poder absorberlo.

Esto sucede cuando las bacterias y microorganismos presentes en nuestro vermicompostador, comienzan a degradar la materia orgánica, convirtiéndolo en alimento apto para las lombrices.

Durante este proceso de descomposición, se generan temperaturas que rondan los 70ºC. De ahí la importancia de ir agregando el alimento en finas capas para que este calor no afecte negativamente a las lombrices.

Si por algún motivo se alcanzará una temperatura intolerable para las lombrices, ellas se refugiaran rápidamente en el lecho de cama que anteriormente las preparamos como base.

Podemos alimentar a nuestras lombrices con casi todos los desechos procedentes de la cocina, aunque como veremos a continuación, algunos restos como la carne y el pescado, pueden producir olores desagradables que no nos convienen en absoluto, lo que no significa que no puedan compostarlos también.

"La lombriz roja californiana es capaz de alimentarse de cualquier materia orgánica, pero con algunos matices…"

Para adquirir un concepto amplio de los alimentos que son o no recomendables para alimentar a nuestras lombrices, basta con no añadir productos ácidos o picantes al vermicompostador, cómo; tomates, cítricos, cayena, chili, etc.

Tampoco productos grasos como; aceites, alimentos cocinados, lácteos, etc. Casi todos los productos orgánicos que no he mencionado en las anteriores líneas son aptos para alimentar a las lombrices.

A continuación os mostramos una infografía a modo orientativo sobre los alimentos más y menos recomendables. Cabe destacar que no están todos los que son, pero siempre podéis extrapolarlo a otros alimentos cuando tengáis alguna duda.

Por resumir un poco; podéis alimentar a las lombrices con cualquier resto de vegetal o verdura. También podéis alimentarlas con cualquier fruta que no sea extremadamente ácida cómo; los limones y las naranjas.

Alimentos mas recomendados:

Pimiento

Lechuga

Hongos
y setas

Zanahoria

Brocoli
y coliflor

Arroz, legumbres
y pastas hervidas

Sandia
y melon

Banana y
platano

Manzana, pera
kiwi, cereza, etc.

Pepino

Cascaras
de huevo

Papel y
carton

Hojas y
hierba seca

Pelo humano
y animal

Flores

Para añadir con moderancion:

Tomate

Cebolla

Citricos

Cafe

Fresa

Alimentos prohibidos:

Carne y
pescado

Lacteos

Picantes

Grasas

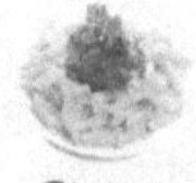

Platos
cocinados

8.1 Alimentación de las lombrices a base de estiércol

Si tenéis disponible estiércol animal, bien sea de vaca, oveja, cabra, caballo o aves de corral, también podéis llevar a cabo la alimentación de las lombrices a base de estos residuos. De hecho, el estiércol es materia orgánica «pre compostada» en el estómago de estos animales, por lo que es un alimento perfecto para la lombriz roja californiana o, "lombriz del estiércol" ;).

Para utilizar el estiércol como alimento para lombrices procederemos de la misma forma que con los residuos orgánicos de la cocina.

El estiércol es fresco, lo extenderemos sobre el compostador formando una capa de no más de 10 cm, pues si aplicamos una capa más gruesa de estiércol fresco, corremos el riesgo de que fermente y sufra un sobrecalentamiento en el que las lombrices mueran.

En estiércoles con una maduración de 6 o más meses, no es necesario tomar esta precaución, aunque la regla de los 10 cm/max. de capa de alimentos, podría decirse que nos sirve para cualquier residuo orgánico, pues de esta manera las lombrices trabajarán siempre en la capa superior del vermicompostador, compostado los alimentos de forma uniforme.

La lombriz roja californiana solo habita los primeros 15 cm del sustrato, por lo que de nada nos sirve añadir 50 cm de nuevo alimento sobre el compostador, con esto, solo conseguiríamos provocar un proceso anaeróbico (cuando la materia se descompone sin la acción del oxígeno) en el que las consecuencias negativas no se harían esperar; olores desagradables, compactación del sustrato, reducción drástica del número de microorganismos que ayudan a descomponer los restos orgánicos y en consecuencia, compostaje mucho más lento de lo normal. Por no hablar de las temperaturas extremas que esta capa de residuos alcanzaría. Por lo que recordar; ante la duda, siempre alimentaremos a las lombrices en capas de 1 a 10 cm de espesor.

8.2 Otros tipos de alimentos indicados para su alimentación

Además de los restos orgánicos de la cocina y el estiércol animal, en cualquier jardín o huerto, encontramos una gran disponibilidad de otro tipo de alimentos igualmente indicados y apetitosos para la lombriz roja californiana.

Nos referimos a los restos de poda, hojas caídas en otoño, paja, ramas trituradas, sobras de setos segados, etc. Podemos añadir toda esta materia orgánica previamente compostada, o si no queremos complicarnos, lo añadiremos directamente al compostador de lombrices. No hay ningún problema en hacerlo de esta manera si utilizamos la regla de los 10 cm.

Ni qué decir tiene, que también podemos hacer una mezcla de residuos de cocina y residuos de jardín. De esta manera, obtenemos un alimento muy balanceado y un producto final de calidad. Además, de esta forma no desaprovechamos ni un solo residuo orgánico de nuestra casa nunca más.

Cómo último apunte, vamos a comentar ciertos restos orgánicos que también son susceptibles de ser compostados por las lombrices, pero en este caso, os recomendamos que leáis bien los artículos detallados que hemos escrito sobre cada uno de ellos en el blog de Lombritec:

- **Cabello (humano o animal)**

- **Excrementos de mascotas**

- **Excrementos humanos**

CAPÍTULO 9

Plagas y depredadores de las lombrices

Uno de los últimos puntos a tener en cuenta al iniciarnos en el vermicompostaje (no por ser el último es el menos importante), es el de las posibles plagas y depredadores que acechan a nuestras lombrices.

Las lombrices son un manjar exquisito para muchos tipos de aves, tanto de corral como voladoras. También lo son para algunos roedores y para ciertos reptiles.

Un consejo para mantener a raya a la mayoría de los depredadores, es que el vermicompostador se encuentre siempre tapado. Por supuesto, debe mantener algunos orificios de ventilación.

Si nuestro compostador está construido directamente sobre el terreno, una buena idea para mantener a raya a los depredadores, es colocar una malla de ocultación o sombreo sobre el sustrato. Este tipo de materiales dejan pasar el agua y el aire, pero evitan que las aves otros depredadores hagan de las suyas. Además, le proporciona algo de oscuridad a las lombrices, algo que agradecerán enormemente.

CAPÍTULO 10

Después de un tiempo compostando, toca recoger el preciado humus de lombriz

Han pasado algunos meses en los que habéis alimentado con ilusión a vuestras pequeñas lombrices, ahora toca recoger los frutos, o en este caso, el humus de lombriz.

Os preguntaréis cuántos meses son necesarios para cosechar el humus de lombriz. Bueno, esto depende de la capacidad de vuestro vermicompostador y la cantidad inicial de lombrices con la que comenzasteis vuestro proyecto de lombricultura.

Si todo ha ido bien, en unos 4 meses habréis llevado a cabo vuestra primera cosecha. Ahora es necesario dejarlo madurar al menos 3 meses más.
Esto significa dejar que el humus de lombriz repose en una zona donde pierda algo de humedad muy lentamente y a la vez esté bien aireado. El humus de lombriz final rozara el 50% de humedad. Debe estar muy húmedo y a la vez suelto, que no se apelmace demasiado si lo apretamos con las manos.

Este proceso de madurado es necesario para que los nutrientes vivos presentes en el humus se estabilicen. De este modo conseguimos que el humus de lombriz pueda ser almacenado durante un tiempo ilimitado, sin sufrir una pérdida de propiedades nutricionales.

Pero, antes de llevar a cabo todas estas tareas, debemos capturar primero a las lombrices para poder comenzar el proceso de compostaje de nuevo.

Porque este manual de vermicompostaje para principiantes no estaría completo, si no os contaremos el secreto de cómo separar las lombrices del humus una vez finalizado el proceso de compostaje.

CAPÍTULO 11

Como separar las lombrices del humus

Este proceso es más sencillo de lo que podría parecer en un principio. Bastará con dejar de alimentar a tus lombrices durante dos o tres semanas. En ese momento colocaremos una red o un cajón de fruta sobre el sustrato ya compostado y en él, iremos añadiendo el mismo tipo de alimentos con el que las hemos estado alimentando durante los últimos meses.

Podéis mezclar el nuevo alimento con alimento ya compostado y colocarlo sobre la red o caja de fruta. De esta manera conseguiremos acelerar el proceso de captura.

Pasados unos días y como por arte de magia todas las lombrices habrán acudido a nuestra trampa, pudiendo recogerlas de una forma muy sencilla y eficaz. A continuación os dejamos un vídeo dónde podréis visualizarlo de una manera más gráfica.

Resumiendo…

En este manual de lombricultura para principiantes hemos intentado aclarar los temas que creemos son más relevantes para iniciarse con éxito en el arte del lombricompostaje y la lombricultura.

Pero no queremos que sea un artículo cerrado sin más, por lo que a través de los comentarios que podéis dejar más abajo, queremos que nos vayáis sugiriendo los temas que más inquietudes os suscitan.

Cualquier duda será aceptada y bienvenida para escribir un nuevo capítulo de este manual, por lo que no seáis tímidos y sugerirnos cualquier inquietud o duda que haya quedado sin responder haciéndonosla llegar **a __info@lombritec.com__**

¡Os deseamos mucha suerte en vuestro nuevo gran proyecto de lombricultura!

www.ingramcontent.com/pod-product-compliance
Lightning Source LLC
Chambersburg PA
CBHW031436250726
48656CB00002B/1010